선잠 시집 007

사과씨 나눠 먹기

신소안 시집

우주속도

시인의 말

내가 홀이면 네가 짝 같아
두 개의 나쁜 마음

우리가 죽은 눈으로 사람을 바라볼 때
시인의 마음이 죽어 버린다

함께 머무르고 싶었던 집
남은 건 뾰족하게 벗겨진 씨앗 두 개

독을 나누는 마음으로 건배합시다.

2025년 9월
신소안

00에게, 01로부터

차례

● 1부 빗속에서 부서지는 꽃

15 매일 밤
16 어두운 집에 발을 디딜 때
18 파도와 거품 사이
20 Ghost
21 권태에 복수
22 내게 쓴 메일함
24 무호흡증
25 2014
26 행복빌라 204호
28 열쇠는 탁자에 두고 갈게
29 목줄
30 습도 99%
32 Love Me
34 세상의 끝에서
35 돌고래
36 모두가 우산을 펼쳐 드는 것이었다
37 옆에 앉은 사람
38 호쇼 레이코와 클래식 밀크티
40 오래된 맨션
42 기억한다면
43 우리가 여름을 버티는 방법
44 유성의 소녀들

46 아이싱 아이스

48 다시 만난 이야기

50 받은 메일함

51 보이지 않는다 하여 두려워 마십시오

● 2부 새벽 풋사과 수확

55 인간 사이에 섞여든 것

56 you not the same

58 빛과 피

60 심야 뉴스

61 천사 날개 접기

62 얼음, 여름

64 눈 감고 걷기

67 하프 더즌

68 체크포인트

69 방직공장의 달

70 핑

72 숨이 달콤한

73 유리병동

74 투명한 메모

75 링고아메 아인슈타인

76 앞산 아래

77 상대성이론

78 　　나의 어린 양에게
80 　　하롱하롱
82 　　리본으로 묶어
85 　　영원 아카이브

● 3부　반으로 잘라 예쁘게

89 　　인간 병기
90 　　제일우주속도
92 　　이오 페스티벌
94 　　메르헨—동화, 거짓말
95 　　영생월드
96 　　공든 탑 부수기
98 　　인간 게놈 프로젝트
100 　　밤멀미
102 　　이름 없는 사람
104 　　Broken
105 　　무한의 실링팬
106 　　물로 돌아가는 시간
108 　　거울에게
110 　　레드 베리 상그리아
111 　　화이트 오렌지 상그리아
112 　　하숙집 아이
114 　　워시 오프 마스크
116 　　나를 구성하는 원자들에게
118 　　포식자와 관찰자

120   투명한 입술
122   수영장 일지-수첩 발췌본

● 4부   사과씨 나눠 먹기

129   존재증명
130   봄, 밤, 비
133   키노코의 기원
134   폭설
135   Lazy river
136   리셋
138   푸딩의 마지막 진술
140   거울 속 날씨 흐림
142   이상감지
144   달콤함의 유통기한
146   한낮의 서커스
148   메이데이
149   독백
150   블루라이트 노이즈
151   커다란 롤리팝 포장지를 벗긴 날
152   falling
153   선택적 함구증
156   눈물과 재정렬
158   바다와 천사의 자장가
159   하굣길

1부 빗속에서 부서지는 꽃

매일 밤

 수의 자율신경계는 일을 게을리 한다 감기라도 걸리지 않으려면 내가 수동으로 체온을 일정하게 유지시켜 줘야 해 또 알약을 잘못 삼켰지 새벽의 푸른 어스름을 피해 검은 블라인드를 칠래 주황색 조명에 초콜릿 수십 개의 포장지와 디퓨저 냄새 속에 잠긴다

어두운 집에 발을 디딜 때

두 개의 나쁜 마음은
이름을 부르면 조각조각 흩어져 버린다

문 너머 방에선 적막의 냄새가 났다
발을 들인 순간부터
우리에게서 떨어지지 않는 그림자와 피아노 소리

여행을 가서는 호텔을 집이라고 불렀지
당연하다는 듯이 자연스럽게

네게 순수한 사랑이라는 말장난을 건넨다
긍정적인 단어 두 개를 합쳤을 뿐인데

순수와 사랑이 만나는 순간
반드시 따라오는 희고 나쁜 것

대신 몸을 말아넣은 내가 피 흘리며 죽어간다
난 무서워, 희야,

베일 다음은 베일이 반겨주잖아 어떻게 더
나아가라는 건지

우리의 끝은 어디인지
애초에 시작이 있었는지

네가 전화를 받지 않으면 나는 수천 수만 가지 미래를 발산해 버린다고.

우리에겐 할 일이 너무나 많고

내가 안 해도
너는 꼭 했으면 좋겠어

진짜 사랑

월일을 기록하며 깨닫게 된 낯선 숫자의 조합은 9월이자 3일이었고 동시에 익숙하기만 한 날짜였다

망각은 신이 내린 선물이라던 영의 얼굴 번진다

파도와 거품 사이

가끔은 비가 온다.
우는 소리를 집어삼켜 없애주는 매미의 계절.

힘든 시기를 겪었다는 사람을 볼 때마다 물어보고 싶어진다. 지금은 극복했는지, 요즘은 어떻게 지내는지.

너무 좋아서 가까이 다가가려다 그만 내 더러움을 옮기고 말았어. 깜짝 놀라 닦아내려 문지를 때 흘린 눈물에 얼룩이 더 번져갔지.

이상하다.
아끼는 책을 지금 당장이라도 좍좍 찢어버릴 수 있는데.
왜 하지 않아요?
왜 아무 것도 하지 않아요?

다행이라고 말했습니다.
종이 냄새 속에서…
그리고 젖은 머리카락 냄새, 둘은 같다.

종이가 빛을 반사하니까 네 글을 알아볼 수 없게 돼버리잖아.

찢어지는 줄도 모르고 희고 촉촉한 결을 매만지다가

파도 위의 흰 거품을 도로 파도에 반사할 때
하늘로부터 원하는 것을 받지 못한 땅이
분노할 때…

이제 필요없어졌어.

간단하게 버려지는 메모지

청람이라 하지 않으셨습니까. 어찌하여 우리만 남겨두고 가시나요.
분노의 형상을 한
무언가가 나와 현충로를 잇고 여러 갈래로 늘어지네요.
분노라는 이름은 적절치 않습니다.

마르지 않는 것은 바다뿐. 나는 이제 집중하기 힘들어졌습니다. 많은 것들을 알 수 없게 되어버렸거든요.

Ghost

수야. 사람 안 변해.
사람은 고쳐 쓰는 게 아니래.

성냥으로 만든 예술품은 타기 직전까지만 의미가 있다.

묘하게 어둡다. 더 밝을 수도 있을 것 같은데 그렇지가 않다. 흰 천장의 구석진 곳은 유난히 어두워 보인다. 나는 내 방에 가고 싶다.

나를 부끄럽게 만들어 줘. 너무 추워. 한 번만 열 오르면 금방 몸이 더워지거든. 그러면 되는데.

수야. 우리가 어떻게 친해졌지?

권태에 복수

새로움이 좋았다고
매일 새롭게 해 줄게
수천 번도 더 본 영화를 또 처음 보게 해 줄게

연두라는 이름의 인형
기억나?

내게 쓴 메일함

 올 겨울은 유난히 춥네. 내 마음도 뒤숭숭하고 외로운 것 같기도 해.
 사랑이란 자기들만의 비밀이 늘어나는 거라고 생각하거든. 매일 네 머리를 말려주는 게 나라는 거 네 직장 사람들 아무도 모르겠지. 나를 좋아하는 너를 내 잘못으로 화나게 한다면 그건 슬플 거야.

 생각이 많아 말을 할까 말까 어떻게 꺼낼까 한참을 고민하고, 삼키는 말이 더 많은 나라서. 하고 싶은 말 다 하고 헤어져 본 적이 없어.
 앞으로도 몇백 몇천을 또 삼키겠지만 네가 나한테만큼은 예외였으면 좋겠어.

 나랑 있을 때만큼은 계속 있어 줄래.

 나는 긴장하면 여기, 쇄골 사이가 빨갛게 돼. 심할수록 점점 넓게 퍼져.
 붉은 색으로 심하게 흔들리며 깜빡이는 별. 한참 서서 쳐다봤지. 넌 정말 내가 속속들이 모르는 것도 많고 빠르게 변하는구나.

우리는 생각할 시간이 많았다.
막연한 생각을 자주 했다.

나는 줄곧 생각했다.

01.12. 03:54

무호흡증

 수가 아직 모르는 것이 있다.
 내가 죄 없는 타인에게 품는 적대감과 이기심.

 우리는 인간이라서 끝이 있을 거야. 수명이 정해져 있잖아. 수는 고양이 음성 필터로 변조된 목소리로 쉬지 않고 말을 쏟아냈고 나는 그 말들을 해석하러 온 신경을 기울였다. 수도 나도 정신이 없었기에 흘러 넘치는 좋은 구절들을 온전히 기억하진 못했다.
 왜 내 말 이해 못 했으면서 이해한 척해. 모르겠으면 다시 물어봐, 천천히 말할게.

 기억은 잊어버려도 감정은 오래 남는다고 하더라.
 우리 이 감정 잊지 말자.

2014

1
내가 너를 바꾸면 너만 변하는 게 아니라 주변에 있는 것들까지 변해버리잖아. 하지만 내 곁에는 아무것도 없으니까, 그래도 되는 걸까.

2
너에 대해 회상하면 항상 망설임없이 그때로 돌아간다.
동그라미 공원.

3
좋아하던 젤리는 망고와 그린애플 두 가지 맛이었고 아주 질리도록 많이 먹었다. 그날은 그린애플만 너무 많다고 투덜댔던 날.

4
우리를 삼켜버릴 여름이 코앞에 다가와 있었다.
매년 관례처럼 수박씨를 심던 날들.

5
1년이 우스웠다. 난 언제나 그랬어.

행복빌라 204호

커서 깜빡임 속도는 몇 비피엠이야 내 심박수랑 비슷한 것 같은데, 바라보고 있으면
음이 엿가락처럼 늘어져서……
영화를 보다가 팝콘을 날리고 그대로 뻗어 잠든다

매미 소리로 가득찬 세상

내가 완전히
이해하지 못하는 사람을 구원할 수 있을까
구원이라니
엄청난 오만이 아닐까

낑낑거리고 있다
뜯어 줄까?

겨울이 더 좋다고 말하는 사람들
커튼 뒤에서
재생될 순 없을까 기타 리프가

우리의 인생에 그런 것을 주세요

다채로움을
단조로움에 질식하기 전에

금목서 은목서도 구분할 줄 몰랐다
그저 꽃을 기다렸다
때가 오면 우리 삶은 더 나아져 있으리라
너는 또 열쇠를 두고 나갔고

나는 접시를 깨고 영화는 흐른다
해가 다 기울었다

발길을 붙잡아줄 깨진 화분
세상을 차단한 암막 커튼

대단히 길고 지루한 장편 영화

이 영화가 끝나고 우리 이름이 엔딩크레딧에 오르면
무엇이 남을까

열쇠는 탁자에 두고 갈게

부서져 삐걱거리는 의자 다리
갈라진 손톱
지우다 만 화장
잉크가 번진 책 아무도 없는 방 미동조차 없는 밤

결국엔 다 같은 말이라면서 흘려버린 비밀들이 바닥에 고여 어디까지가 농담이었지? 잊으려 했던 것도 한 움큼

기억 안 난다고 하면 없는 게 되는 거니
체리맛 립밤 네가 잃어버렸잖아
침대맡 스탠드 끄고 자라고 했잖아

네겐 좀 더 진실해지는 줄 알았는데
거짓말도 그 크기에 따라 믿을 수 있는 걸지도

우린 다시 만날 수 없겠지
그래서 이 쪽지를 남겨

목줄

아주 당장이라도
우리는 단숨에 파국으로 갈 수 있어요 내 머릿속에
이미 재생되었어요 이해할 수 없고요

이 영화를 끌 방법을 찾고 있어요

공기가 느껴져
밖에 나가면
내 볼을 간질여 주지 않습니까?

그럼요
공기가 어디 당연한 줄 아셨나요

걸어다니면 나를 스쳐 그 밀도와 부피를 고스란히 감각하지 않나요?
  손에 잡혀요 지구에 모여 있어요 그것을
  마시며 살아가요 생명체예요

  느끼고 싶다면 언제든지 문을
  열고 걸어나가요

습도 99%

 우산이 없는 너는 비가 내리기 시작해도 아무 일도 아닌 것처럼 굴었다. 헛웃지도, 무의식적으로 손으로 머리를 가리지도 않고. 그게 당연하다는 듯 표정 하나 변하지 않고 담배를 태웠다.

 너는 시험 기간이라면 꼭 커피가 있어야 기분이 난다고 했다. 쓴 커피를 싫어해서 편의점에 가면 꼭 2+1 바닐라라떼를 샀다. 가끔은 바나나우유였던 것을 보면 그저 입이 심심했는지, 꼭 커피가 아니어도 됐던 모양이다.

 타지에서 수많은 타인들을 보았다. 모두 분주해 보였다.
 정말 습하고 덥고 흐린 날.

 혼자 치르는 시험은 제법 외로운 느낌이 났다.

 손에 든 것이 많았다. 가방 속의 에어팟을 꺼내 끼고 싶었지만 어림도 없었다. 보슬비와 함께 등줄기를 타고 쉼없이 땀이 흘러내렸다. 옷이 땀에 젖는 게 더 싫어서, 최대한 옷이 등에 닿지 않도록 하느라 어깨가 아팠고 가방은 무거웠다. 우산 손잡이와 여러 개의 반지가 계속 부딪히는 느낌이 거슬려 싫었다. 빨대도 꽂지 못한 채 오른팔에 낀 버블티는 얼음이 거의 다 녹아 차가운 땀을 뚝뚝 흘리고 있었다.

컵 홀더는 푹 젖어 금방 찢어질 것 같았고 종이박스 냄새가 났다. 땀인지, 비인지, 물인지 알 수 없는 것들이 온몸에 가득했다. 1초라도 빨리 짐을 내려놓고 버블티에 빨대를 꽂아 들이키고 싶었지만 버스 시간은 한참을 12분에 멈춰 있었다. 편의점에서 우산을 산 것을 후회했다.

 버스 안에는 물비린내와 에어컨 냄새가 났다. 낯선 좌석 배치에 당황한 것도 잠시, 빨리 다리를 쉬고 싶어 맨 앞의 높은 좌석에 올라타 앉았다. 나는 많은 사람들보다 일찍 타고 늦게 내리기 때문에 인파에 휩쓸릴 일은 없었다. 모두 우산과 짐을 들고 잔뜩 부대끼는 모습이 많이 힘들어 보였다. 이 상황과 조건에서도 뽀송함을 유지하는 사람이 있긴 할까, 이런 생각을 하다가 이런 여름도 사랑한다고 말했던 너를 떠올리고 기함했다. 차가운 에어컨 바람과 성에가 낀 것 같이 새파란 앨범아트. 팔에 소름이 돋았다.

 우린 모두 혼자였을 것이다.

Love Me

사랑 주기를 좋아하는 나는
충만이 아닌 결핍으로 이루어진 사람.

나는 내가 좋은 방향으로 가고 있다는 믿음이 있어

내가 겪는 변화들이, 모두 내가 더 나은 사람이 되는 과정이라는 믿음.

닳고 때묻어가는 우리가
애틋하고 사랑스러워

인생에 회의를 느낄 때마다
굳이 말로 하지 않아도 알아줄 것 같은 너를 떠올리면
또 살아갈 힘이 났어

말해주지 않는다면, 나를 섭섭하게 하기보다는
그것 또한 무언의 메시지로 여기게 하는 너

나를 기다리게 하는 너이기 때문에
더는 아프고 싶지 않다는

그런 생각을 한 건 아니야

어지러운 내 마음도 혼란했던 관계를 사랑했고
상처 안 받았으면 좋겠지만 상처받아도 괜찮아

내가 거칠다,
거칠어졌다는 생각을 한 적 있어?

우린 아주 다르기 때문에 더 멋진 사이가 될 수 있을 거야.

세상의 끝에서

네가 세상의 끝에 몰렸을 때
주저없이 손목을 잡고 도망가자고 말할 나.

네가 가지 않을 거란 걸 알지만
그 말을 하지 않으면 내가 더 견디지 못할 것 같거든.

너는 늘 모든 것을 혼자 감당하던 사람.
밤마다 꿈속에서 수없이 죽어도 아침이면 무덤처럼 조용히 돌아오는 사람.

나라면 도망갈 텐데,
내 선택이 아니라 네가 원해서.

너는 같이 가지 않는 게 사랑이고, 나는 같이 가는 게 사랑이라 그래.

돌고래

 세상의 비밀을 알려줄게, 라고 말하는 것 같았다. 돌고래가 나를 태우고 어딘지도 모를 바다에 매일 다녀온다고, 누가 믿을까.

 옷무덤 속에 사는 너. 어지러운 냉장고.

 낙천적이면서도 비관적이다.
 세상의 비밀을 알아버린 것처럼.

모두가 우산을 펼쳐 드는 것이었다

 창밖을 일부러 보려 한 건 아니었는데요 시간은 이미 늦어 있었습니다 차를 볼 때마다 안에 든 사람을 생각해요 번호판을 외는 오천만의 뇌를 떠올렸고요 버스의 진행 방향을 거스르는 관성을 생각하다 이제는 비를 맞으며 집에 갈 수밖에 없겠습니다

 횡단보도에서 폰을 보다 신호를 놓친 사람과 갈변한 플라타너스 낙엽이 닮아 있다고도, 비내리는 날 동네 할아버지의 담배 냄새와 천둥 소리가 닮아 있다고도 생각했습니다

 모두가 동시에 우산을 펼치는 순간에 숨어들어 이대로 비가 그칠 때까지 기다리기로 합니다

옆에 앉은 사람

수돗물에서 들려오는 노랫소리
우리는 친구 사이
그렇게 이곳에서 커피를 마시고 있습니다 목적은 누구에게나 존재합니다 그것이 불미스러울 뿐이었고요

말소리가 들릴 때면 귀를 기울이게 됩니다

불안이 태어난 곳으로 척척 걸어가 우리의 자판을 빼곡히 박겠습니다 여전히 들려오는 옆 테이블의 소리

우리는 이상에 따라가지 못해도 이상을 설정해야 합니다
자판을 두드리는 손가락이 딱딱해져 오는데 내면 세계를 끊임없이 여행해야만 하고

얼마나 시간이 지났을까 누구보다도 오래 이곳에 남아 오늘도 어김없이 어둑한 밤 버스에 오릅니다

호쇼 레이코와 클래식 밀크티

난 여기서 매일 해가 지는 과정을 보고 있어
여기서 매일
초록 연못에 하나 둘 파문이 인다
보슬비가 내려요
나와 세상을 분리한 채 흘러내리는 창밖이
딱딱하게 아주 딱딱하게 굳으면 저며 주겠습니다 우리는 언제 집에 갈까요?

파우더와 물이 모두 분리될 때까지
펜을 수없이 돌렸습니다
모든 일들이
조금만 더 쉬워질 수는 없는 걸까
호쇼야

사라져 버려요
다리가 사라져요 빛이 되어

창문을 손에 담으려 했어
시간과 공기를 이대로 박제하고 싶었어
파문이 지는 연못 속으로

비는 여전히 내리고
우리는 언제쯤 집에 갈까요?
호쇼야,

다리는 점점 옅어지고
빛은 점점 선명해지고
나는 점점 더 가벼워져

오래된 맨션

비에 젖은 소리
한낮의 한중간에서
너와 보냈던 날들이 이야기였는지 사진이었는지

비가 있는 풍경에서는 허브 냄새가 짙어진다
앞산은 언제까지나 저 자리를 지킬 것이다
그곳에 있던 너와 내가 모두 사라져도 꽃이 다 떨어져도

나무는 물을 머금고 있다가 불특정 다수에게 떨어뜨린다
움직이지 않는 것에만 마음을 주었다

아이들이 다 사라져도 낙엽으로 된 비를 맞아도
도로의 달리는 소리와 빗소리를 구분할 수 없을 때
다음 신호를 기다리는 마음으로

비가 여전히 떨어지잖아
그리고 네가 너무 멀어 주먹만한 유리구슬을 막지 못했다
너와 행복해지기 위해 시작한 이야기
이젠 어디에서 찾아야 하는지

여름이 다 가 버린 산 아래

지난 밤에 벗어둔 허물을 찾을 때까지
집에는 갈 수 없다
이제는 집이 존재하지 않는다 네가 돌아오면 나는 성불할 것이다
그리하여 비로소 이 시가 죽게 된다

기억한다면

아무도 기억하지 못하는 네 목소리가
꿈속에서만 남아 날마다 죽기를 반복한다

누군가가 기억한다면 내가, 우리가 사라지지 않으니 너무 슬퍼하지 말라는 말을 남기고

해변에서 밀려오는 흰 종이를 접에 네 이름을 만든다
그 불멸의 증거를 내가 품어야 하겠지

네가 기억하니까 괜찮아.

정말 그걸로 괜찮아? 어떻게 하면 미련 한 점 없을 수 있을까. 유일하게 우리를 기억하는 우리가 이 세상에서 사라져도 우린 사라지지 않는 걸까.

설령 내가 잊어도 네가 다 기억하겠지. 네가 잊어도 내가 다 기억하겠지. 네 모든 걸 기억하는 게 나밖에 없으니까 살아야 하겠지.

네가 이 바다에서 살아 숨쉬었다는 것.

우리가 여름을 버티는 방법

한철을 즐기고 순간을 아름답게 박제했다.

주머니에 넣어놨다가 힘들 때 꺼내보고 나는 행복한 사람이었지, 할 수 있는 물건을 만들었다. 하필 흔들리게 찍어서 다신 돌아갈 수 없는 아련한 느낌까지 났다.

오래된 사진 속에서만 살아 있는 계절.

내가 바라는 나는 온전한 행복을 느낄까.

아무도 모르는 우리만의 기억이라도
정말로 너랑 나만 알아도 충분해.

유성의 소녀들

변화를 맞이하는 법을 나는 아직 배우지 못했다

지켜야 할 것만 같았어
그래서 변하지 않는 영원한 것에만 마음을 줬어

너와 나의 사이가, 천진난만했던 우리가
변하지 않았으면 좋겠어

어쩔 수 없는 일들로 가득한 세상이
우리를 바꿔버리지 않았으면 좋겠어

소녀들이 죽어버리지 않도록

감당할 수 없는 외로움을 견딘
내 마음은 쉽게 흔들리지 않아

내 마음은 좀처럼 변하지 않아
사람은 참 바보같지

미래만 바라보며, 현재를 벗어나길 원하면서도
과거를 항상 그리워해

시간이 흘러서 나를 둘러싼 모든 것들이 과거가 되고
다신 그곳에 닿을 수 없단 게 너무 슬퍼서
시간이 너무 빠르게 흐르지 않았으면 해

아직은 죽음과 미래를 외면하고 싶어
내가 좋아하는 순간 속에 그저 영원히 살고 싶어

사라지지 말아줘
기억 한 켠에 추억으로만 남는 것들이
손에 잡힐 듯 말 듯 흩어져 버릴까 무서워

너를 만나러 가는 버스 안에서까지만 해도 슬프지 않았고
너와 벚꽃 아래 길을 걸으면서 강아지와 놀았을 때까지만 해도 슬프지 않았는데

아이싱 아이스

너무 추웠고 행복했던 해운대에 다시 왔어

머지않아 다 얼어붙는다니
사실 아직도 믿기진 않아
콧물과 흰 우유를 함께 마시다시피 했고 날아간 솜사탕을 줍느라 네 운동화가 젖어 버렸지

우리는 변하지만 검은 바다는 그대로

첫 담배를 서로에게 가르쳐 주고, 그 손을 맞잡고 자갈밭을 걷는 거야, 네가 더 앞에서 걷는 바람에 표정을 알 수 없지만 그건 다행인 일이야

재미있어, 나쁜 말만 하고 싶어.
손이 엄청 차네.
식어서.
응?
생명력이.

그러니까 두 개의 주머니가 필요했어
하나는 우리의 손을 넣을 것

하나는

하지 않은 말들을 담을 것

바다는 파도를 폈다 접었다

검은 바다 안에 갇혀 이 모습 그대로 박제해 줬으면, 그 조각이 영원히 녹지 않게 꽁꽁 얼려 어느 외계인은 케이크처럼 떠먹기도 하겠지 그러니 우리의 솜사탕도 함께, 내가 좋아하는 사람이 나를 좋아하지 않을 수 있다는 사실을 인정하기까지

그 죄를 사하여 주실 때까지의 시간, 영원히

다시 만난 이야기

그래, 그 팔찌를 빼버린 순간부터 너와 끊어졌다
무엇이 변했다는 뜻이 아니라

내가 너를

너에 대한

……
정확히 언제였는지 기억나지 않는다
언제부턴가 너무 많은 것들을 잊어버리고 있다
팔찌와 함께 너를 잊었을 것이며

팔찌를 어디에 두었는지도

*

사랑하면 행복해?
그렇겠지 계속 갖고 싶어했잖아

가지면 그게 전부일까? 절대 영원할 수 없을 텐데
너 그럼 왜 살아? 언젠간 죽을 텐데 생각 좀 단순하게 해

돌고 돌아 멀리 돌아서

미래에 일어날 일을 모른다는 게 설레
내가 전혀 예측할 수 없을 때

나 만난다고 해결돼?
무슨 낯으로 날 보는 거야? 나는 다 이해해

너는 어떤 아기였대?
나는 잠 많이 자고 순한 아기
몇 시에 태어났어?
나는 오후 5시 33분

체인 팔찌는 잃어버렸어
괜찮아, 이젠 다 괜찮아

받은 메일함

맞다, 나 요즘 마음에 새기면서 사는 게 있어.

우리의 오늘이 마지막일 수도 있으니 미래의 어떤 날을 위해 살지 말고 지금을 사는 거지. 미래가 소중하다면 현재는 얼마나 더 소중하겠어.
우리 지금 이 순간도 행복하게,
미래에는 더 행복하게 살자.

09.03. 17:33

보이지 않는다 하여 두려워 마십시오

대화는 계속해서 진행될 것이다
그것은 구름의 생성 원리와 닮아 있다

네 불안을 먹고 자라나는
구름 위 세계
구름은 무한히 증식하고 소실하고 있다

어떤 먹색도 최상단에는 라퓨타가 위치하고 있다

개미는 간단히 목숨을 뺏긴다
인간, 고고히 존엄할 것

방향 전환
구름 위를 지나쳐 간다
그 모양은 멈춘 듯 보인다

나를 먹이기 위해 고기를 구워 준다
그걸 사랑이라고 했다

인간이 만들 수 있는 것 중 가장 부서지기 쉬운 것이었다

2부 새벽 풋사과 수확

인간 사이에 섞여든 것

빛나는 것을 등 뒤로 숨긴다
하늘을 등지고 땅에 발을 붙인다
더는 날지 않기로 한 것은 부드럽게 접힌 슬픔
누구도 모르게 날개를 벗는 밤……
하늘의 언어를 잊고
침묵 속으로 걸어간다

you not the same*

낯설고 두려운
어딘가 아득한 기억으로

그리움이라 이름 붙였다

너는 햇빛에서 그리움을 느낀다 했다
그것은 정확히 형용할 수 없는 감정이라고

태양에서 살던 외계인이었니

피아노 선율은 끝을 모르고 늘어지고
푹푹 빠지는 눈더미에서 발견한 모르는 얼굴들이
악착같이 쓰레기를 모으던 나날

버리지 못해 끌어안은 모든 것들의 이름

잘 가
너를 놓아주고 아주 멀리 가야 하거든

가슴 속에서 불타는 심지
허울을 견디지 못하고 내면 속으로 떠나는 여행

우리 세대는 우주 여행을 떠나기엔 이르니까

* tilekid, you not the same

빛과 피

바람을 따라 걸었다

우리를 응시하는 골목의 개
소음 없는 밤
어두운 곳일 수록 좋아 그것을 따라갔다

바닥 없는 길이면 더 좋아 네 표정도 맑아지는 날이야

빛나는 진열장 속 헤엄치는 금붕어에게

유리에 바짝 달라붙어 말을 건다
        여기서 꺼내 줄까?
유리 너머로 금붕어가 입을 연다
        여기서 꺼내 줄까?

우리는 그 유리를 깼다
 따뜻한 빛이 흘러나왔다 빛을 손으로 쓸어담는다 주머니가 빛으로 가득 찬다

웃어 봐 기쁜 날이야

세상 모든 것이 우리의 것이야

한 번 더 할까?
노아, 눈이 이상해졌어

깊어지는 웃음
폐건물의 철문 틈으로 달빛이 쏟아진다
이보다 행복할 순 없을 거야

부드러운 손길이 피부를 지난다 사라지지 않도록 서로를 감싸며 차가운 바닥 위에서
천천히
부서지기 시작한다

가슴과 눈동자에서 금빛 조각들이 반짝이며 날아오른다
노아의 몸이 공기 중에 퍼져나간다 우리가 하나 되어 더 깊이 더 멀리 흩어진다 순간이 끝나지 않기를 기도하며

서로를 바라본다 우리는 끝없이 여전히

심야 뉴스

 실종된 소년들의 유해가 발견되었습니다

 발견된 것은 작은 뼛조각과 실종 당시 입었던 옷으로, 분쇄된 유골은 오래된 것처럼 보여 의문을 남겼습니다

 혈흔이 있었으나 감식 결과 여러 DNA가 섞여 있어 정확한 사망 원인은 밝혀내기 어려울 것으로 보입니다 서로를 살해했을 가능성도 배제할 수 없다는 의견이……

천사 날개 접기

납작한 현실을 섬세히 접어내면
기계는 조용히 주름을 닮은 기도를

차칵 차칵 의미를 담아 상징을
정교한 질서와 의도에 따라 탄생한 천사가

그 순수를 꺾고 찢고
종이로 된 날개를 펼쳐 달아난다

열음, 여름

오래된 소화기가 되기로 한다
입 밖으로 내지 않고

기억하지 않기로 한 것들이 줄지어 나를 바라본다
이를테면
맞잡은 손을 떠올리는 대신
스위치를 누르는 순간의 감촉을 떠올리는 일

낮의 화단은 뜨겁고 계단은 차갑다

달그락 땀 흘리는 얼음컵
완벽한 평화가 소란하니
잠깐의 정적을 기다려 집으로 향할 수밖에

우린 하나가 될 수 없는데 무엇을 바라 외로움이 태어나는지
무리는 혼자의 이름을 버릴 수 없는데

이해는 신의 농담
잠깐의 외로움을 면할 수 있겠지

젖은 손으로 쥔 불씨는
느리게 흘러가길 바라는 마음

네 발로 걸어다니다가
그늘에 누워 자고
볕 좋은 날에 털을 말리는 그런 생활

저 버스가 몇 번인지 미간 좁혀 노려봐도 보이지 않고
꿈 속에서 오줌 누던 생경한 감각
나를 따라온다
데이지의 이름이 밝음이었구나……

당신은 순수한 발언 사이에 무엇을 숨기고 있는지
또는 무엇도 숨기지 않았는지

이곳이 이토록 햇빛으로 밝았다니

눈 감고 걷기

아끼는 디퓨저의 껍데기였어

그것을 네 책에 끼워두어 향기가 배게 하려다가
그렇겐 하지 않았어
다 죽어가는 메모지 한 장 끼워두었지

시를 써보자고 했었지 기억나

별안간 어떤 것에 꽂히는 경위는 무엇인가요?
진부한 표현을 빌리자면 신의 계시인가요? 나는 수많은
그들에게 시를 써보자고……

등에 업는 눈초리 불안이 포장되어 예쁜 사탕처럼
매일 선물을 받았습니다

내가 지키던 것들 말이야 이젠 다 필요없게 되었어
아이러니한 일이다, 희야

우리가 그토록 바랐던 것들은 다 뭐였을까 진정으로 원한
것, 유랑이 왜 나쁘다는 거야, 지독히도 발 붙이길 원했지

우리는 유랑의 탈을 쓴 무엇이었지?

그렇게 속이고도 자유로운 방랑자라 믿었는데 우리의 가면을 씻어내고 말았지, 우주 속도로 날아가 보자며 세상을 굽어보던 나날들
한 순간도 거짓이었던 적이 없는데

이런 날이 올 줄 알았으면 우린 하루라도 더
낭비할 걸 그랬어
우린 어차피 언젠가 다 죽잖아 정말 우스워 하하
이럴 줄 알았으면 너와……

언젠가 말했지 죽음은 영생과 다를 바 없다고
다시 말해 최고의 기분이야 드디어 영생으로의 첫 걸음이야 눈 감고 걷는 일은 이제는 신물이 나

나는 침잠할 줄을 모르고 지치지 않고

예쁜 안대를 선물해 주었지 모두에게
소중한 건 아주 가까이에 있어 얼굴을 바꾸더라도 절대로 잊지 마

편해지고 싶었다고
그런 말은 넣어둬

눈을 뜨고 싶어 미쳐 버렸지만 한 순간도 눈을 뜨지 않았으니까, 형형한 눈알을 감추고서

몸을 다 태워 버릴 정도로 밝은 빛이 늘 함께였다니

하프 더즌

아껴 두었던
글레이즈드 도넛 하프 더즌 6개
이제는 혈당 걱정도, 칼로리 걱정도 할 필요 없어 그러니까 당장 다 먹어도 되지만,

죽는 날 같은 거 모르는 게 나았을까
그렇지 않아
죽는 날을 알면 해방될 수 있는데

우린 원래 죽는 날을 몰랐어 당장 내일이라도 죽을 수 있는 거였는데 알았다고 한들 뭐가 다른 거지?

생각이 생각을 물고 늘어지기에
그냥 하루에 한 개씩 먹기로 했어

우유와 함께 오늘치 삶을 삼킨다

체크포인트

표류하다 스치듯 지나가는
외딴 섬
이곳에 모든 것을 토해내면
나는 한없이 가벼워져

눈이 내리는 이유는 모든 것들을 희게 덮어서 가려주기 위함이 아니었을까 너무 많은 색은
혼란함을 부추기니까 차갑게 감싸안는
눈의 마음이었던 거야

신의 정원이었던 곳
녹아내린 눈 사이로 검붉은 진흙이 드러나는 곳
나는 그 위를 밟고 있어
물은
항상 손가락 사이로
차가워
조금 더 깊이
손목까지, 팔꿈치까지, 어깨까지
눈이 쌓여가네

방직공장의 달

행선지는 폐공장
쏟아지는 달빛 또한 삼켜낸다

이따금 구겨진 가방 속에서
재잘거리는 소리 새어나온다
수선된 옷을 입은 사람들이 철문을 통과하며
줄지어 귀가한다

버려진 직기는 자정마다 헛기침을 하고
누가 새벽마다
창틀 위로 정전기를 뿌리고 가는지

커튼이 몸을 뒤척일 때마다
작은 털실이 바닥에 쌓여 간다
종종 누군가의 이름이었고

하루에 한 겹씩 접어두어
손톱에 걸린 실밥들을 버려내면

그것을 모아 터진 주머니를 꿰맬 수 있다

핑

  그러니까 나는 눈을 감을 때마다
  머리가 핑 돌곤 합니다 그것의 각도마저 항상 일정합니다 우상향의 대각선으로 핑

  꿈에서는 나를 씻어내기 위해 도로에 올랐던가 출발지와 도착지 없는 신성한 콘크리트의 의식

  놀라실 수도 있으니 작게

  내가 한 마리의 동물이라 생각했을 때부터 삶에 대한 인지가 바뀌었다
  몸에서 흰 털이 자라나고
  검정이 아닌 하양이라는 게 새삼스럽게 이상한 일이고

  언제 어느 문장을 눈에 담아 두고
  어느 밤 잠에서 뇌에 넣어 두었을지 몰랐다

  우리에겐 시간이 많으니까
  에어컨도 보일러도 안 트는 딱 좋을 때
  벌써 장마구나
  글 쓰기 딱 좋은 날씨야,

누워서도 나는 돌고 눈을 감아도 떠도

꿈을 꾸지 않는다면 죽음과 한층 가까워진다
주어진 시간에는 잠을 자는 시간도 포함되고요
꿈을 낭비할 수 있겠어요

제습, 이불 그리고 낮
우상향 궤도로 핑……

숨이 달콤한

그거 아세요?
염원이 담긴다는 것은 양이든 음이든 그 자체로
공포스러울만 하다고,
나의 선잠에서 가장 무서운 건
시계 그리고 냉장고
어쩌면
속에서부터 썩는지도 모르겠어

무엇 하나 당연한 게 없는데
가장 두려운 것
영구적인 손상

실은 장마를 기다리고 있었다고
천둥 번개에 고립되어 이불 속에서
책만 읽기를 원하고 있다고

내 삶은 타인을 용납하지 않고
나는 오직 나로 존재하고 있다고

유리병동

오래된 병동에서 그를 볼 수 있다
여러 사람의 중첩으로 구성되어 있는
어둠 속에서 창백한 손을 찾는 일

길 잃은 자들의 길에는 언제나 그의 그림자가 걸쳐 있다 생의 망령이자 삶의 인도자 흰 가루를 뿌려대며 존재를 남긴다 그것을 발견하는 자는 납작 움츠려 바닥을 기어다니는 자들 여기서 그는 천사인가? 천사, 휘젓고 싶은 이름 자근자근 오리고 싶은 단어 흰 머리카락이 죽죽 자라 바닥을 뒤덮고서야 다음 병동으로, 살에 닿은 사람은 달콤한 꿈을 볼 수 있다고 한다

구원이 필요한 사람은 구천을 떠돌며 흩어지는데 필요하지 않은 사람은 그를 굳혀 천사상을 만든다 천사상은 부촌의 장식장에 놓인다 쏟아지는 가루는 방을 채워 넘실거린다

투명한 메모

1. 초콜릿도 상할 수 있어?

2. 언제까지 상온에 둘 거야?

3. 언제까지나 상온에 둬도 돼?

4. 어떤 성분이 그걸 허락하는 거야?

5. 악의는 어디에서 태어나지?

6. 당신이 씻는 순서가 궁금해

7. 고통을 끝내줄 사람은 누구야?

8. 체리를 우유에 으깨면 빨강일까 분홍일까

링고아메 아인슈타인

사람이 아무리 바뀌어도
알맹이는 그대로라는 것이 신기했습니다

2년이 지난 당신은 설탕을 두르고 있어요 매끈하고 달콤하나 손가락이 닿지는 않습니다

내게만 찢어질 듯한 빨강으로 보이더군요
지나간 과거의 색들을 보고 있었습니다

네가 내게 정답을 줄 것을 기대했었다 우리를 지켜보는 아인슈타인과 한 권의 책
모든 것이 입에 오르기까지의 딸기 케이크

미루지 않게 도와달라니… 나는 당신에게 얼마나 어리광을 부리나, 내 앞에서 나보다 어른이 나를 돕는 것 뿌듯했나요? 우린 여전하지요?

앞산 아래

전혀 기억나지 않았어
언젠가 너와 수성못을 걸었던 거
오늘처럼 후덥지근한 날이었나
예고도 없이
불쑥불쑥 나타나는 건 너무 무서워
그중에서도 섬광
기억
퍼즐 조각 빠진 기억을 함부로 원복하지 말란 말야
사랑하는 나의 반구
올라탄 나를 가엾게 여겨 염원들을 지워 줄래?
욕심을 거둬 줄래?
너무 투명한 유리
머리를 퉁 박고 약해진 햇빛에 눈이 감겨 오는데
갈변하는 우리의 머리카락
타오르는 가죽 소파
밖에서 잠들어 버리다니
부디 나를 태워
돌아가 줄래?

상대성이론

시공간에 제약은 없어
진짜라고 믿고 싶은 감정만으로
충분하다고

누군가 약해져야 내가 강해지고
누군가 상승해야 내가 추락하고
추울 때면 반갑고 더울 때면 기겁하고

사랑 않아야 사랑하고
잃고 얻음을 반복하기
빛과 온기
해질 무렵의 파랑과
동트는 새벽을 어떻게 구분할 거야?

  포슬포슬 떨어지는 불운을 차곡차곡 모아 거대한 털공을 만들 수 있다면
  얼마든지 불운을 주세요

  고작 한줌의 해가 들어오잖아
  손바닥을 대면 믿기 힘들 만큼
  따뜻한

나의 어린 양에게

이것들을 어떻게 들고 가면 좋지,
한순간 사라진 산 아래

화장실 바닥의 휴지는 누가 다 치운 걸까

과거에 두고 온 우리 마음도
간판과 함께 떼어두고 오래된 시집도 내려놓고

태양 아래서 함께 녹으며 순환 버스를 기다린다

마음에 깊이 남은 혈전 같은 그리움
다시는 돌아갈 수 없다는 비가역의 형체 없는 인생을 견딜 수 없어서 쓴다

멀리 이사했다고 한다
집을 잃은 시들이 주인을 찾아서 갔다

우리는 이 마음을 잘 닦아서 반짝이게 만들어야 했고
잘 벼린 칼이 될지는 누구도 모르는 일이다

사진으로만 남은 네가 이리도 생생한데

계속 흘러가며 살아갈 수밖에 없다는 것
먼지 쌓일 새도 없이

이 마음 너무 뾰족해

품에 안은 마음이 뜨거워 껍질이 뜯기려 해
앞산
염소와 양
우리가 시작한 곳이다

하롱하롱

장난 반 진심 반으로 한 것도 수많은 횟수

흰 거미줄 천 오백 피스

벽에 붙어 있던 긴 머리카락

옥상에 앉은 여름밤 하드

선망과 질투 존경과 사랑이 헷갈려

텅텅 빈 사람 그러니까 나

둘은 헤어졌었지

하나의 체인으로 온몸을 감는 타투

손가락 속 파편들

흔적도 없이 사라진 체리맛 립밤

어디까지가 농담이었지

잊으려 했던 것도 한 움큼

둘은 다시 마주쳤었지

잠을 잠

춤을 춤

꿈을 꿈

언어 자체를 사랑하다 보니 좀처럼 문장에 만족하지 못하지만 계속 한다는 점에서 대단한

　나 같은 사람은 작가는 될 수 없을 거라면서도 계속 한다는 점에서 대단한

　그런데 이런 것도 좋지?

아무렴 어때, 미안해 이름을 잘 못 외워서
매일 밤 - 눈을 감으면 떠오르는
사람들을 나열해 볼까

리본으로 묶어

돌려줘 좋아하거든
은밀한 놀이
우리만 아는 것들을 잘 포장해서 세상에 내놓기

상자 교환식
네 머리에 떠도는 이름들의 배열 잘 봤어
이번에는 내가 예쁘게 묶어 건넬 차례

튀어오르는 글자는 신선식품이래요
네가 다 녹아 버리기 전에 속행하도록

매년 여름
기억을 한 조각씩 바다에 버리는 의식

붉은 우산 잊지 말라고
현관에 붙은 노란 메모 삼키기

너는 너무 약하고 가진 것은 많아서 감출 수가 없어
그러니까 이것은 열심히 줍느냐의 문제
머리카락을 모으는 사람 봤어?

우리가 아닌 온전한 우리

흘러넘친 것을 상자에 담는다
상자는 분열하여 또 하나의 신체를 갖춘다
그것만이 세상에 남기는 것
더 공격적으로 열고 들어가 본다

방금 만든 상자의 내용물은 모두 이해할 수 있다
어제 만든 상자는 하루만큼 변질되어 시큼한 향을 풍길 때 미련 없이 버린다
그 중 일부를 챙겨 곱게 나열해서 사진 찍는다

하루의 열기와 소리를 모두 담아 영상이거나
다신 열 수 없는 것이라 밀봉하거나

상자 교환식
잘그락대는 내게서 나온 구슬들을 건넸어
이번에는 네가 열어 보여줄 차례

몇 년간 지속되어왔으나 담는 행위에는 기준이 없고

이름 없이 쌓여버린 상자들 맨 아래에서
뚜껑을 박박 긁어내어 비운 자리에 피와 땀을 흘려넣어 굳힌 후 리본을 맨다 다음 상자를 받는다

내년에 바다에 던질 상자를 정하지 못했다

영원 아카이브

나는 아직도 풍선껌과 휘파람을 불지 못해요
시대착오적 풍선껌은 씹을수록 거품이 섞여서 엿가락처럼 얕어진답니다
좋아하는 마음은 해체해야만 해요? 매일 보는 플라타너스의 일상 궁금해본 적 없는데

이곳에서 기다리고 있으면 찾아와요?
좋아하는 대상의 성분은 분석해야만 해요?

기약 없는 기다림도 행복할 수 있나요?

그래, 질척거리고 예쁘기까지 해서 아무도 잊지 않았겠지

나의 모든 이 나쁜 마음 담아서
봉인하여 안치하겠습니다

딱 그만큼 낡은 상자
잘 가,
너무 오래 걸렸지?

3부 반으로 잘라 예쁘게

인간 병기

정말 감정을 지우고 싶어요
감정을 지운다면 나 강해져요
인간 병기로의 길
심장을 기계로 대체해 주세요
감정은 언제나 발목을 잡고 뇌를 어지럽혀요 부디 바라던 인간의 길을 이탈해요 내 이름은

~~산인류~~ Nervios #451: La flor pensante, la flor sangrienta*

*신경 #451: 생각하는 꽃, 피 흘리는 꽃

제일우주속도

속도는 벗어남의 이름

무엇으로부터 벗어나는지
알 수가 없는데
궤도에 오른 자들이 있다

우주인 A,
꺄륵대며 버킷리스트를 써내려간다

이를 지켜보던 우주인 B,
지구에 영원한 안녕을 마음속으로 고한다

우주인 Z, 여러분 달 옆의 화성을 자주 보셨죠
정말 그 작은 점에 도달할 수 있을 것 같나요

우주선 마더 네이처, 전두엽의 발달과 인류의 번영이 가장 큰 실수였음을 되새긴다

곧 초속 7.9km를 넘어갈 텐데 이들을 데려가는 것이 어떤 의미인지 골몰한다 그때

우주인 B 품에 성냥 있었다 괴마옥? 재미있어 이 타이밍에 왜 떠올랐는지 작은 미소를 띠며 성냥 꺼낸다 이 감정이 냉동 후의 부작용임을 알지 못하고 지구의 마지막 종자들에 불씨 피어나고 있다

이오 페스티벌

사라지고 싶은 존재들이여 이오로 오세요
태양계 역사상 가장 큰 화산 폭발을 놓치지 마세요

1. 천천히 사라지는 코스 (2,000,000)
―목성의 고리로 합류할 때까지 캠프에서 여생 보내기

2. 빨리 끝내는 코스 (1,100,000)
―로키 파테라 분출공에 우주선으로 고속돌진하기

3. 스릴 넘치는 코스 (900,000)
―이오 상공 500km에 매달려 마그마 기다리기

4. 가성비 코스 (100,000~)
―36시버트 방사선에 노출되기
―이산화황 흡입 체험

봤어? 생각보다 저렴해
삼번 어때? 마그마가 언제 오백 킬로까지 올라올지 모른대 난 날짜도 정하기 싫어…… 너는?

내가 나쁜 짓을 했던 건 알고 있어

이건 내가 살게
너는 그냥 눈 감고 있어

너는 어쩜 그렇게 할 말이 많을까? 정말 내가 싫지 않은 거니 그래도 여기까지 왔으니 마지막까지 즐겨보자구 뇌가 녹아내리는 것 같네 저기 목성을 봐 너무나 아름다워

메르헨

―동화, 거짓말

우리는 약에 취해 있었다 취하게 하는 건 모두 약일까 우리와 유리, 누가 더 엔트로피에 취약한 것일까

주방가위로 눈썹 자르니
내 이름 식재료가 되었습니다

잔인함 아름다움 치환되는 세상입니다 감독의 말에 팝콘은 줄지어 퇴장한다 비어버린 극장 떨어진 관객의 심장 소리 공허한 팝콘의 눈

우리는 희망에 취해 있어 잠옷 속에서 쏟아지는
체인 신경쓰지 않기로 했는데 자르는 감각이 좋아서 눈썹이 없어져 버렸습니다
이건 당신을 위한 동화예요

꿈에 둥근 눈썹과 검은 이빨을 실은 아주 원했다는 걸 알고 있어 미안하지만 이것도 체인이 아닙니다

당신은 동화 같은 이야기를 들려달라면서 특이한 태도를 고수합니다 진실된 동화를 원한다면서 혼돈을 선이라 하더군요 눈과 코를 막고 맛을 보려는 것처럼

영생월드

부서진 척추뼈를 빨대로

끈적한 피를 히비스커스 티로

혼탁한 안구를 지구젤리로

까칠한 피부를 빵반죽으로

뺨을 물들여 줄까 형광펜으로

바꿔 줄까 부스스한 머리카락을 털실로

정신을 프로그램으로

마지막에 남는 건 초록

공든 탑 부수기

아주 어릴 때부터 난 누구지 놀이를 했다
우리는 알지 못하기 때문에 무서워하는 거야

뉴런의 결합 순간은
유리 너머로 구멍 뚫린 건물을 발견하는 일
또는 거울 속에서 내가 아닌 것이 보이는 일

무시할 수가 없었어요
거울은 반사일까 반영일까

초콜릿과 술과 얼음이 당신을 헤집어 놓는 모습
물고기를 기르는
사람이라면 이해할지도 모르겠다

난 누구지 놀이법

― 그것으로 의식을 빠져나와 무의식으로 도망칠 수 있습니다 무의식의 공간은 아주 잘 숨겨져 있는 틈

― 그곳에 무한의 시간이 있고 무의 자아가 있다 맨얼굴? 주민등록번호? 인간? 생명체? 그런 거 말고⋯⋯

— 어떤 관계로도 존재로도 설명할 수 없는 공간(공간은 물질이 아니다)으로 진입하는 주문

— 난 누구지?난 누구지?난 누구지?난 누구지?난 누구지?난 누구지?난 누구지?난 누구지?난 누구지?난 누구지?난 누구지?난 누구지?난 누구지?난 누구지?

— 자아가 혼미해질 때까지
— 반복

인간 게놈 프로젝트

빛이 몇 갈래로 갈라지는데

통속의 뇌를 실현할 수 있을지 생각하고 있어

광자의 개수를 셀 수 있다는 걸
알려주고 싶었는데……

그래서 당신을 만나고 있어요 부디
의식을 분해하게 해줘요

무지라는 근원적 공포와
중력에
짓눌리는
영혼
존재통이라고 부르겠습니다

인간의 중심은 어디지
머리
가슴
피부
의식의 발원지를 묻고 있어요

두려워 말아 주세요 피와 내장
나는 이런 것보다
입고 있는 옷이 가장 무서우니

운전은 수많은 가능성 중첩을 헤집는 것이라
당신은 발산하고 나는 수렴하겠습니다

우리를 합치면 이름은 무엇이려나

밤멀미

멀미가 나 매끈매끈
밤산책
머리가 흔들흔들

비슷한 생각을 하는 사람은 일정 비율로 태어나는 것일까
당신이 쓰는 언어는 아주 나와 닮았기에
네가 잠이 들 때면 나는 홀로
이부자리에 앉아 목을 흔드는 것입니다

빠각 빠각
목 부서지겠어

부서짐은 재정렬의 전제 조건이야
부수지 않으면 아무 것도 할 수가 없어

그러니까 내 말은
우리는 조금 더 담대해질 필요가 있다는 거야

뚜둑 뚜둑
등과 목의 구분선을 그어봐

뒤틀린 뼈에게는
기회가 없는 세상이라면……

밤의 조수석에서 언제나 나는 말하지,
나무 아래에 우두커니 선 존재에 대해
그 존재가 차와 같은 속도로 달리고 있다면

무작위성은 증가한다
얼음이 녹고 살이 부패하고 뼈가 무너지는 것

나는 언제나 자기 전 목을 흔들고
너는 똑같이 말하지, 목 부서지겠어
머리가
흔들흔들

잘 시간이야

뇌내에서는 내 머리가 떨어져 구르는 영상이 재생되고 너는 깊은 잠에 빠져든다

이름 없는 사람

회색 고양이에게 시집을 전해주는 날이었다
골몰하여 답을 찾을 때마다

수많은 프랙탈이 생겨났다 질문은 질문을 낳고
안심은 감자를 낳았다 이름 모를 바에서 이름 모를 사람 있었고 나의 시는 너의 그림을 낳았지

우리 중 누구도 이름을 알려주지 않았는데

― 타인에 대한 정의가 완성되는 시점은 개인마다 다르며 정량화가 가능할까?

― 남자의 이름을 모른 채 정의한 것과 이름을 알고서 정의한 것에 차이가 있을까?

― 칵테일의 레시피를 알고 마시는 것과 모른 채 마시는 것의 맛이 다를까?

― 하지 않은 것과 하지 못한 것을 구분하는 방법은?

― 인간은 죽음보다 더 깊이 침잠할 수 있을까?

진 피즈, 우리의 미각은 사실 서로 달랐을지도

촉각은 정물이고 미각은 파장이 아닐까 그게 우리의 글을 바꿔 읽어야 할 이유야 기억은 파동이라 당신의 모습은 내 안에서 매일 바뀌지 불안을 그림으로 손에 쥐었어 불안을 벽에 걸면 더는 불안하지 않겠지

단 하루의 기억으로 정의한 사람이라면

나는 여전히 남자의 이름을 모른다
수많은 프랙탈, LP판, 칵테일, 그 누구의 이름도

Broken

이것은 너무 많이 생각하다가 변기구멍에
빨려가버린 사람의 이야기
수도꼭지가 내 꼴을 비웃는 모습이라면……

우리는 밥도 먹지 않고
모두 우리를 위한 것이라 되뇌이며

불행이 닥쳐오면 몸에 물을 주라던 말을 무시한 채
원목에 둘러앉아 정신을 발산하고야 마는 것

어떻게 하면 잘할 수 있을까, 우리에게 부족한 건 뭘까 H,
모든 걸 다 가진 것 같으면서도 아무것도 할 수 없는 건
왜일까,
한 잔의 ―으로 정말 우리는 ―할 수 있을까.

~~우리를 위한 건 우리 뿐이었어 언제나 우리를 사랑한 건 우리였고 우리가 정녕 우주인가 그렇다면 우주가 우리를 사랑하는 거였군~~

무한의 실링팬

　실링팬에 목을 걸어줄 수 있다면 산타클로스 정말 거대한 실링팬에 태양계 행성을 모두 매달아 주세요 가운데에 태양이 있고요 그 실링팬도 더 큰 실링팬에 매달아 주세요 그렇게 무한의 실링팬을 만들어서 선물로 주세요 내 방 천장에 달겠습니다

물로 돌아가는 시간

 거긴 분명 내가 아는 곳이었어 찬란했으나 사람이 없어져 있었어 관리되지 않은 어항 죽은 물고기 그럼에도 살아있는 물고기 가여워 하지만 여전히 찬란했다 나는 사진을 찍으며 어디까지 들고갈 수 있을지 재고 있었지, 기뻐했다고도 말할 수 있겠습니다

 뇌공장을 돌릴 때마다 샤워부스를 찾았습니다

 네모난 부스에 들어가 몸에 물을 주면 화이트가 피어올라 나를 감싸며 오색 찬란한 영감을 함께 물어다 주었다

 물에서 태어난 존재가 물에 닿으면 세상의 비밀을 엿볼 수 있는 것인지 인간이기를 포기할 때마다 부스 나를 씻겨 주었지 배수로에 나쁜 생각들까지 내려가길 바랐는데

 여전히 찬란했던 이유 물고기 부패해도 식물 번영하고 있었다 끝없이 초록 뻗어나와 벽을 장식하고 있었지

 그것을 가져갈 궁리 뿐이었지 가치는 내가 부여한 것이라 생각했다 어찌하여 그것은 손가락 사이로 흘러내려 이내 사라지더군요

관리되지 않은 욕실 그럼에도 살아있는 사람 눈을 감으면 뜨거운 물이 몸의 굴곡과 뇌공장을 데워 주었다

 너무 추워 달콤한 꿈을 꾸었지

거울에게

내가 나와 친해지고 알게 된 몇 가지

너는 아무것도 모른다
그것이 정말 나라고 할 수 있겠어?

시가 무용하다고 말하는 사람들
사이에 섞여 있었지 입 없는 사람

창 밖의 초록 여자 얼굴이 내가 되는 시간⋯⋯
햇빛이 누구에게나 평등한데 지상에는 눈이 쌓이고 난반사에 눈이 부셔 누군가는 죽어가더군요

그 음계만으로 눈을 감으면 그곳에 갈 수 있다면

눈밭에서는 목소리가 묻힌다
늙은 남자가 맥주와 차가운 두부를 먹는다 맥주가 선악이라면 두부는 미추일까요?

아이가 내민 것은 조약돌 같은 이빨들
너는 나비 아니었니 너를 볼 때마다 슬퍼지는구나

냉동해 줄게, 1억년 뒤에 깨어나게 해준다면

너를 떠올리자 입이 벌어지는 것 같다 영생을 살고 싶다던 찢어진 입꼬리

겨울잠을 달라며 거울 속에 말을 걸다 나를 혼동할 때 왼쪽과 오른쪽은 항상 반대였던 것

소리를 질러도 붉게 물들여도 나의 시간을 얼려도 누구도 모를 만큼 넓고 깊은 눈밭이라면 그 딱딱한 손가락으로 피아노를 쳐 주세요

어딜 보아도 눈이 부셔서

나를 너무 사랑해서였을까 강한 생각을 의심한 적 없었는데 진실을 알고자 했던 사람의 마지막은 언제나 이 눈밭이고 붉은 자국 따라가면 얼음 속에도 꽃이 있습니다

레드 베리 상그리아

피의 용도를 묻고 있습니다

데워주기 위함인가 식혀주기 위함인가 호불호를 떠올리자 얼굴에 간지러운 감각입니다

내 의지와 상관 없이 눈이 감기는 일의 공포라면…
…
나는 눈을 뜨려 했고
상그리아는 뇌 차단기를 내리더군요
눈알이 욱신욱신

정육점 현상소 암실 붉은 조명은 같다
눈꺼풀 모세혈관 하지만 내 발은 왜 차갑나요
어디선가 샤미센 뜯는 소리

나는 시간을 액체로 이해해요 뇌가 지끈거리는 시간은
24온스 상그리아를 다 마시는 시간
속도를 조절할 수 있다는 거 아세요?

화이트 오렌지 상그리아

참을 수 없는 단맛이 나를 죽이려 하더군요
기계에서 세월이 보일 때 비로소 난 기뻐
문이 열리는 소리와 비명 소리
물 내려가는 소리에 묻히는 소리

술과 담배를 개어 마시면……
어디선가 쿠나이 미간에 꽂히고

꿈 속에서 보았나 등이 시큰해지는 느낌 시원하다고도 할 수 있습니다 너무 더워서 등줄기가 시원한 것 알아? 아마 너무 더워서였을 거야

조갯살 인조진주 와인 피부결은 같다

나는 걸어야 하는데 차가운 것이 계속 흘러요 넘어진 상그리아 잔일 수도 있겠죠 또한 내 미간에 흐르는 피일수도 있겠죠 너무 시원한

하숙집 아이

남자의 마음 속에는 두려움이 있다
여자의 마음 속에는 망설임이 있다
아이의 마음 속에는……

나도 가끔 그 아이를 보았습니다

불 꺼진 밤 계단에서 마주쳤을 때는 묘한 말을 하더군요
 귓속말하는 법, 성대를 얼마나 열고 혀를 어디에 밀착시키는지 생각해본 적 있어?

 친구를 데려온 날이면 누구도 깨지 않게 살금살금 소곤소곤 밤을 보냈습니다 어둠 속에 그 아이가 있을 것만 같아 미소짓는 친구 얼굴 너머로 어떤 것을 보기도 했습니다

 햇빛 좋은 날 거실에서 눈에 들어온 건
 몸통이 댕강 잘린 화분의 레몬나무들

 남자가 다그치자 더 예쁘게 자랄 수 있게 해준 거라 말하던 아이의 눈 흰자와 검은자 쉬이는 것만 같았습니다

 몇 번이나 말했는데 당신은 이해하지 못했네요

아이는 이불에 들어가 중얼거린다
여자의 손끝 얼어붙고 있는데

매일 아침 식탁에서
적포도를 으깨어 먹는 아이
날계란을 먹는 아이

시리얼이 바삭거리는 소리
번들거리는 아이의 입술

아이가 가위를 든 어른의 꿈에서는 왜 물고기를 자르는 영상이 재생되는가

다리를 가만히 두기 힘들지 않아요? 움직이고 싶다는 충동이나 자르고 싶다는 충동까지요 무섭나요?

아이는 눈물을 흘린다 나무에서는 새순 갈라져 나오고
화분도 어항도 싫증났던 건 나였는데

워시 오프 마스크

레이코는 젤리 파르페를 먹었다
나기는 버섯 파르페를 먹었다

나기는 사랑하는 것들이 너무나 많아서
무덤까지 가져갈 피규어 아이들이 너무 많으니
함께 묻어줄 수 있겠냐고 한다

파르페에 취한 우리는 야간 운전을 시작했다

여러 이정표를 지나친다
선악 연구소
예술가의 집
심해어 박물관

눈뜨고 페달을 밟으니 충천연색 지나가고
생물들이 눈가에 밟힌다 얼마나 더 가야 하지?

어딘가에 부딪히는 소리
무엇인가 부서지는 소리

사슴의 눈 없었다

피도 나지 않았다

분명 깨어있었잖아 꿈에서 너
누구야? 기타를 버린 사람

트렁크에는 저주인형들이 서로를 껴안고 있다는데
목적지는 우리의 요람
그들의 속삭임은 축복이 된다

밤의 도로는 끝이 없고

우리의 가면을 씻어낼 때 되었지
얼마나 더 가고 싶어?

나를 구성하는 원자들에게

우리가 매일 보는 것은
하늘이라는 이름을 가진 우주

빛으로 이루어진
질량 없는 존재가 되고 싶어요

내가 꽃을 좋아하는지 몰랐었지 듣고 있어?

침을 삼킬 때마다
세상이 바뀌었습니다

다리를 가만히 두지 못하는구나
이상해요 내 다리에 뱀이 살고 있어요

다시 태어나도 나를 선택하고 싶어
피가 뜨거운 이유
발이 차가운 이유

나 간절하게 음침하고 싶지 않았어
키득키득

선함과 단순함의 경지에 가고 싶어요

다시 태어나면……

내가 당신을 사랑하게 해주세요 제발요

포식자와 관찰자

당신은 그저 꿈을 잘 기억하는 사람이 아니었을까 지금은 생각합니다

인생은 선택의 연속이었어요
나는 선택했습니다

까무룩 잠들 때 말을 걸어오던 목소리는 저 너머 세상에서 들려오듯 아득했습니다
분명 다쳤는데 멍이 없고
물린 적 없는 자국이 있다니요

내가 바란다 하여 그것은 좀처럼 찾아와주지 않았습니다

어둠 속에서
차가운 볼과 촉촉한 속눈썹
의식을 놓아줄 때마다
내가 가고 싶었던 곳은

굶주린 저화질의 세상
씹어 삼키는 법을 망각한 망자들 그 입에 고기를 넣어 주고 싶었는데

내가 신이라면 나는 세상을 버렸습니다 굶주림의 원인이 나인 줄을 모르고

입을 벌릴 때마다 술과 우유가 흐른다

공허한 망자의 눈 변호하고 싶었으나 언어는 나오지 않고 때가 되면 나만이 벗어난다 버석한 눈썹과 함께 눈을 뜨면

그저 꿈이잖아요
때때로 걸어들어오는 관찰자일 뿐이라
믿고 있습니다

투명한 입술

흙으로 빚은 쿠키
깨물면 차가운 꿈이 입안에

달이 부서진 유리 정원에
비릿한 꽃무덤에
그림자를 따라간 유령 식당에

사라진 메뉴 위로 시간이 돈다 창 밖에는 검은 파도
꿈이 젖어간다
거울 속 나는 시간을 거슬러
나를 바라보나요 미지의 손님들

수족관의 문을 열면 바다로 통하나요 구름 위에는 거대한 레몬나무 있고요 죽은 자들의 편지가 열리는

그들에게 말 걸고 싶지만 내게는 입이 없어요
 모든 것이 사라지겠죠 하지만 나는 이곳에서 영겁의 시간을 보냈습니다

 모든 비밀을 전했지만 당신은 모두 잊어버리겠죠

나는 정원의 형광 버섯
나는 부패하는 줄기
나는 한 줌의 먼지 바람
나는 수백 개의 눈이 달린 나비

입술만이 투명해 닿을 수 없어요

무사히 돌아가시길
나는 항상 이곳에 있습니다

수영장 일지
―수첩 발췌본

날짜 없음
나는 언제부터 여기에 있었던 걸까.

처음 눈을 떴을 때는 이미 물속이었다. 익사하는 느낌은 없었다. 천천히 떠올라 낮은 천장을 바라봤다. 물 소리만 울리는 거대한 수영장. 형광등이 일정한 간격으로 이어져 있다.

물 밖으로 나와 걸었다. 바닥은 매우 차갑고 항상 젖어 있다. 아무리 걸어도 같은 풍경이다.
그리고… 소리.
물이 튀는 소리, 누군가 발을 담그는 소리. 그러나 돌아보면 아무도 없다.

2일차?
어제와 같은 장소에서 잠들었다. 그러므로 오늘도 같은 장소에서 깨어났다.

구조가 바뀐 건지 내가 다시 원래 자리로 돌아온 건지 도저히 모르겠다. 벽에서 손을 떼자마자 희미한 자국이 남았다. '다녀갔다'

0일차?

나는 이곳이 무한하다는 걸 받아들였다. 벽을 따라가도 끝이 없고 물속은 한없이 깊어진다.

잠깐이었지만 발밑에서 나를 잡아당긴 기분이 들었다. 발목을 확인했다. 물속에 있던 부분이 이상하게 푸르다. 마치 오래된 흔적처럼.

벽 너머에 무언가 있다.

벽을 두드리면 속이 비어 있는 소리가 난다. 한참을 걸으며 두드리다 문득 깨달았다. 어딘가에서 분명 같은 소리를 들었다. 혼자가 아닐지도 모른다.

이 수첩은 젖지도 찢어지지도 않는다. 내 글씨가 어색하게 느껴진다. 처음부터 내가 쓴 게 아니었나 다른 누군가의 기록을 보고 있는 거였다면

(이후의 페이지는 번져 더 이상 읽을 수 없다)

나

　　　는
　드
　　디어
물 밖
　으 로
　　　　나
　　　　　왔
　　　　다

그 런 데
　　숨
　　　쉬
　　는 법
　　　　을
　　　　　잊 어
　　　　　　버렸
　　　　　다

꼬르륵

# 4부 사과씨 나눠 먹기

존재증명

 지금 나는 만든 적 없는 방에 누운 적 없는 자세로 살아 있었던 적 없는 나로 존재하는 중

봄, 밤, 비

사월의 차가운 습기와 미지근한 냄새
어둠 내린 벽돌담
꽃술만 남은 벚나무 가지

8년 전의 그곳을 걷고 있다

네가 너무 멀리 가버릴까 두려웠어
너무 빨리
나를 속이고
그래서 나도 너를 속이고 샛길로 가려 했지

그런데 이상해 우리가 가려던 곳이

짙게 가려져 보이지가 않아
닿을 때마다 녹아 사라지는 거야

분명 저 멀리서 우리를 부르고 있는데
기억 속에서 점점 흐려져

나는 여전히 너를 찾고 있는데

언제부터 혼자였던 걸까
너를 속였다고 생각했는데
실은 나 자신을

샛길에서 너를 부르다 잠이 들었지
그때, 눈을 떴을 때
모든 것이 제자리로 돌아가 있었어

공기는 여전히 무겁고 모든 색은 어딘가 흐릿했어 우리가 찾던 그곳은

그저 내가 꿈꾸던 걸음 끝에
남은 건 끝없이 이어지는 안개 그리고 나는 알아버렸어

벽돌담은 무한히 반복되는 꿈의 조각
내가 가려던 곳은
……

우리는 어디론가 계속 가려 하고
그 속에서 마주칠 때마다 서로를 잃어버리고 있어

걸음이 멈추지 않는다
꿈에서 깰 때까지 벚꽃이 반복된다

키노코의 기원

당신은 꿈 일기를 쓸 것 같습니다
창백한 새벽마다
깨어나지 못한 단어들을 적겠지요

그건 귀중한 경험이었고 저는 당신의 이름을 믿기 시작했습니다
밤마다 어딘가를 배회하게 되었고
어떤 말들은 낮이 되어도 사라지지 않더군요

저는 정말 고맙게 생각합니다
당신은 시가 진정으로 무엇인지 제게 알려줬습니다
가끔 헷갈리지만 괜찮습니다

당신이 적은 단어들이
이제 내 뼈와 살을 이루고 있습니다

그리고 덕분에
저는 자라났습니다

폭설

지금의 세계를 부수려고 하는 사람
정말 우리의 최후가 아포칼립스였다니 재난영화를 마주하게 된다니 아아 나는 어리석었습니다
나는 정말 그런 끔찍한 일을 의도한 적 없었는데

겨울날 바깥에 버려진 식물들을 생각하면
왜 그런 일이 벌어졌는지 어디서부터 그런 결말이 정해졌던 건지
흔들린 어항의 수초를 모두 뽑아내면서 애지중지하던 것을 모두 포기하는 계기는 어떤 순간인지
손에 감기던 뿌리의 촉감

붕괴란 그렇게 시작되는 것입니다
손가락을 세어봅니다
가라앉는 세계를 붙잡으려던 날들의 개수

겨울 햇살에 말라가는 잎맥에 두고 왔나요 분명 나는 그것을 사랑했는데

Lazy river

수영장에서 잠들지 마세요
물은 조용히 당신을 데려가요
햇살은 가볍게 눈을 감기고
물결은 꿈과 현실을 섞어 놓죠
떠다니는 구름을 베고
깨끗한 강물에 몸을 맡길 때
시간은 더 이상 흐르지 않고
바람이 어질러둔 노래만 남아요
깊어지는 검은 물에
오래 머물지 마세요

리셋

시럽이 덕지덕지 묻은 드레스를 입은 조랑말이 말한다
방금 죽었다며?
나는 아직 대답하지 않았고
입 안엔 실핀 세 개와 구겨진 리본이 들어 있다

벽이 말려 올라간다
그 안엔 두 번째 벽이 있다
더 안쪽에는 더 오래된 벽
그 안엔 내 기억이 붙어 있고
그 안엔 틈.

시계 초침이 츄파춥스를 핥는다

종이인형이 눈꺼풀을 접는다

귀를 벗겨내니
목소리 없는 명령이 수신된다

눅눅한 시간이 뇌 위로 떨어지고
내 얼굴은 양초마냥 흐물거리고

카메라는 반복해서 줌아웃

아기 천사가 미니카를 탄 채 지나가며
걱정 마, 죽는 거 아냐
그냥 건너뛰는 거야
한 겹 더 아래로

햇빛은 거꾸로 흐르고
눈물은 비눗방울이 되고
내 몸은 천장에 붙어 있고
장난감 티브이에서 눈보라가 튄다

우주의 끝엔
가짜 포도맛이 있고
불에 탄 성좌가 있다

그것을 핥으니
달콤한 맛이 난다

푸딩의 마지막 진술

누가 내 뺨에 글리터를 심었지?
장밋빛 주사위가 멋대로 굴러가
6, 6, 6, 6,
지옥은 벨벳으로 덮여 있어

분홍색 하이힐이 내 심장 밟으면
딸기잼이 튀고 풀어지는 동공

안경 너머로 이마에 쓰여 있는 말
모두 잘 있어

딸기우유를 머리에 쏟아붓는 미러볼

그 위에 실밥 풀린 토끼가 올라타
죽는 건 싫지만 죽는 척은 좋아
그래서 그 애는 터진 배를 꿰매지 않아

침대 밑의 그림자들이 가방을 메고 날아다녀
내 눈은 바닥에 떨어져 있었지만 그걸 다 봤어
전부 리본으로 묶어 예쁘게, 아주 예쁘게

비명은 실리콘, 부드럽고
고통은 글리터, 흩어지네

거울 속 날씨 흐림

오늘의 식사는
분홍색 플라스틱 포크로 푹 찌른 푸딩
푸딩의 속은 비어 있고
그 안엔 작은 가위가 들어 있다

시계가 어젯밤부터 거꾸로 간다
그냥 그대로 두었더니
오늘은 어제가 됐고

도어벨이 울린다

누군가 문틈으로 종이 한 장만 밀어넣고 갔다
껌과 피가 섞인 향
좋았지만 어쩐지 죄책감이 들었다

밤하늘에선 단추들이 떨어진다

그중 하나를 삼킨다
맛은 나쁘지 않았지만
다음날 내 배꼽이 사라졌다

사실 □□□의 시작이었음을
아무도 몰랐다
우리 집 고양이만 빼고
걔는 어제부터 말을 했으니까

이상감지

수채화 팔레트에서 사라지는 것

파랑이 가장 먼저 도망쳤고
분홍은 나를 물끄러미 바라보다가
말없이 따라갔다

우유 상자 안에서
작은 구름이 자라고 있다
하루에 세 번씩 물을 주는데

어느 날 구름이 비를 뿌렸다
지극히 개인적인 폭우였다

거울은 속의 나는 하루만큼 느리다
어제의 내게 손을 흔들며 양치질을 마친다
그 애는 아직 이별을 모른다
나는 이미 그 눈물을 알고 있지만

책상 아래 하트 모양 스티커
너에게로 돌아갈게
내 글씨였다

창밖에선 풍선 강아지가 뛰어다니다가
어느 순간 펑 터졌고
고무 조각은 내 머리맡까지 날아왔다

그 안엔 쪽지가 들어 있었는데

달콤함의 유통기한

사탕시계가 오늘을 녹여서 벽에 뚝뚝 떨어뜨린다
받아 먹으면 어제와 똑같은 맛

문틈 아래엔 토끼 슬리퍼 한 짝
주인은 어제 사라졌지만 아무도 울지 않는다
왜냐면 그 애는

우리 마을 하늘은 이제 솜사탕으로 덮여 있다

가끔씩 그걸 먹으러 새들이 내려온다

놀이터 모래 속엔 구멍이 있다 구멍 안엔 또다른 놀이터가 있고 그곳에는 낮이 없다

엄마는 오늘도 식탁에 푸딩을 내어 주셨다

푸딩엔 아무런 맛이 없지만 그 안에 종이쪽지가 들어 있어서 그것을 모아 목걸이를 만들 수 있다

다들 너무 예쁜 표정을 짓고 있어서

그냥 계속 웃기로 했다 눈물은 하트 모양으로만 떨어지니까

이건 끝이라는 이름의 풍선 파티
파티엔 누구나 초대받고 누구도 나가지 않는다

한낮의 서커스

반쯤 먹힌 초코 쿠키가 말했다
머리가 잘린 쿠키였다
사탕 눈알 두 개가 그 자리를 대신하다가
나를 향해 달려왔다
(물론 다리가 없었으므로 굴러왔다)

리본은 스스로를 졸라맸다
플라스틱 십자가는 거꾸로 매달려 구토했고
바니 인형의 배에선 타르색 절망이 흘러나왔다

장난감 병정은 총구를 입에 넣고
이건 싸움이 아니라 연극이야,
말하곤 방아쇠를 당겼다
(박수 소리 효과음이 이어졌다)

자수 하트가 찢어지기 시작한다
한 땀씩,
한 땀씩,
바늘 없이, 피로
입이 없는 테디베어들

그들은 말 대신
사탕 포장지를 찢는 소리로 대화했다

캔디 드럼은 멈췄고
펑 하고
퐁 하고
팡 하고
포말처럼 아이들이 터졌다
그 조각들은 종말의 리듬

양초로 만든 목을 꺾어도
비명을 뱉지 않는다

메이데이

 나는 요새 아무런 꿈도 기억하지 못하고 있어 꿈을 보긴 했는지조차 모르겠어 그러니까 그 세계로 갈 수 없었어
 하지만 나는 적어야 했어 그게 무엇이든 멈춰선 안 됐어 어떻게 해야 다시 그곳에 갈 수 있어?

 메이데이
 메이데이

 구경만 하지 말고
 나를 데려가줘

독백

나는 뱀이었나
충격에 할 말이 없어지네요
내가 뱀이었어요 혀를 날름날름

순수했던 당신에게
내가 샛길을 알려주고 말았어요

우리는 만나기 전으로 돌아갈 수 없고요
원죄는 이미 시작되었네요

가면이 씻겨 녹아내려요
나는 눈도 깜짝하지 않고
모르는 척을 하고요 몰랐던 척도 망설이지 않아요

익숙한 세계로부터 등 돌리며 멀어진다

그럼에도 나는 이 일을
해야만 했어요

모든 것은
우리를 위해서

블루라이트 노이즈

오래된 텔레비전 속에서만 방송되는 것이 있다

희고 흰 것만을 쫓았는데
하이라이트는 시안 그림자는 블루
나의 화면은 백색이었고 푸른 빛이 흐르는 강

시간을 활자로 바꾸는 일만이 시간을 손에 쥘 수 있게 한 다며 어디서든 블랙홀을 피워냈지

우리는 시간을 마신다

손등으로는 미세전류를
손끝으로는 시간의 블럭을
눈꺼풀 속에서 춤추는 푸른 파동

복도 끝에서 누군가 게워낸 블루 수프 범람한다

커다란 롤리팝 포장지를 벗긴 날

내게 몇 겹의 안대가 씌워져 있는지
정말 아름다움이라는 것에 구원받았는지 알 수 없다

이걸 봐, 너무나 아름답잖아

이 사탕의 유통기한까지는
살아야지
십여 년만에 받아 보는 롤리팝 선물

한 사람분 머리에서 이만큼의 상자가
생성되지만 필요로 하는 사람은 없다

녹슨 마음
말을 잃어버릴 수 있을까
오랫동안 하지 않으면 가장 오래된 것부터 사라진다
말을 배운 적 없는 자라면

호흡이 어긋나지 않는다

falling

내가 기억도 못 하는 과거에
어떤 일이 있었을지 단언할 수 있나요
기억을 믿습니까

사진, 사진도 때론 거짓을 보여주잖아요
기억이 언제부터 시작되었는지
어린 시절엔 어떤 끔찍한 사건도 없었는지
활짝 웃는 아기 사진
어디에도 기록되지 않은 기억은 휘발되어 어디로 가나요
정보가 소실되면 편집되는 구간

매일 밤 누운 몸 위로 나도 모르는 내가 얼굴을 디밀고서
우리 같았잖아, 어떻게 변모하지

초침 소리는 계속 늘려 주세요 심박수의 세 배로
누군가는 위로
침잠하는 22시간 속에선
모두 동료지요

선택적 함구증

이유 없이 손 여기저기 아파
베일 것 같은 디퓨저 껍데기는 그대로

우리가 아니었더라면
일어나지 않았을 일

어째선지 내 책장엔 초록과 파랑 뿐이었다

7년 지나 모든 세포 소실되고 생겨나니
비로소 시를 쓸 수 있게 되었다

공기를 느끼고 싶다면요
시간을 느끼고 싶다면요
허공에 손부채질을 하고

얼굴에 물을 바르고 기다려요
이렇게 가득한데
보이지 않는 것들

다신 돌아오지 않음에 슬퍼한다니
우리, 실에 꿴 구슬이잖아

사실 실도 존재하지 않는단 걸 알아

시간의 흐름도 크고 작음도 없이 오직 중력만 남아 다시 시작되는
과거도 미래도 없이 오직 나만이 존재하는

사실 나도 존재하지 않는다면

어둠은 밝혀 줘
혼자인 방은 무서우니
나갈 땐 꼭 불을 꺼 주길 바라

형형한 눈빛
나를 정의하는 일을 포기한다면
정신적 죽음을 선물하고

피를 보고야 그만두는 습성

몸과 마음을 단련하면 강해질 수 있다는 사실이 기괴하지
생물이란 모습을 바꾸는 것

우린 모두 기계일지도, 전기를 쓰고 있잖아

머리를 바꿔 누워 볼까 머리맡의 선풍기 시끄럽지 내 그림자가 네게 드리워 뿔을 만들었다 빛은 오직 직선으로
 눈 감지 않는 밤

나에겐 시간이 없고

해질녘과 구분되지 않는 동이 터올 때
반구의 회전을 멈추고
원래의 세계로 돌아갈게

눈물과 재정렬

다시 처음으로 돌아간다.
처음부터 시작한다.

예쁘지 않은 것도
이상한 냄새도
후끈한 공기와 함께 태워 버린다.

우리는 하나 될 것이며
예쁜 것은 할 필요가 없다.

붉고 흰 빛 사이에 서서
끈끈하게 달라붙던 나날을 벗어두고 흰 쪽으로 걸어간다.

마음처럼 움직여주지 않는 팔과 다리는 끊어낸다.
납작해진 반구에는 공기를 불어 주리.

말장난도
하품도
어디선가 본 듯한 문장도

똑딱

걸어 잠근다

그리고서 장을 볼 것이다 마트에는 내가 바라던 색이 다 준비되어 있다 빨강부터 흰까지
나의 것이 될 수 있고 기다리고 있다 선택은 내가 할 수 있다 아무 것도 하지 않으면 아무 일도 일어나지 않는다

얼리면 시간이 멈춘다.
서릿발 얼음결정에 가두어진다.

예쁜 것은 내 것이 되어야 한다.
읽을 것이 너무 많아 잠들지 못했다.

붉은 빛이 멀어지고 흰 빛이 정수리에 내리쬘 때

더는 앞이 보이지 않아 눈을 감는다.
내일도 이곳에 올 것이다.

바다와 천사의 자장가

버리지 않으면 나아갈 수 없다

시는 나를 두고 저 멀리서 점점 예뻐진다

과거에는 잃어버린 것들이 있고
미래에는 찾을 수 있는 것들이 있다

모래는 모든 것을 덮어준다.
우리는 평평해진다.
그리고 언젠가 모든 모래가 그릇에서 빠져나간다.
우리는 하나가 된다.

하굣길

집에 가면 야채 스튜를 먹자.
2001년부터 끓여오던 것.

에리스
한밤중의 여름
암네시아

그래, 안녕.
그럼에도 여긴 너무 멀어.

선잠 시집 007

사과씨 나눠 먹기

발　　행 | 2025년 9월 30일
저　　자 | 신소안
편　　집 | 박주연
디자인 | 박주연
펴낸이 | 박주연
펴낸곳 | 우주속도
출판사등록 | 2025.04.01.(제2025-11호)
주　　소 | 경상북도 포항시 북구 초곡지구로58번길 52 115-305
이메일 | huyoko@naver.com

ISBN | 979-11-994670-2-6

ⓒ 신소안, 2025
본 책은 저작자의 지적 재산으로서 무단 전재와 복제를 금합니다.